Sonia Lucano

AGUAS DETOX

Fotografías: Frédéric Lucano
Estilismo: Sonia Lucano

Grijalbo

ÍNDICE

INTRODUCCIÓN

Con la llegada del buen tiempo, parece que una nueva bebida *healthy* es la ganadora por unanimidad: el agua detox. Un agua de frutas y hortalizas rica en vitaminas, fácil de preparar y deliciosamente refrescante. Esta tendencia llegada directamente de Estados Unidos es una verdadera infusión de sabores.

El agua detox es una bebida casera hecha a base de agua, frutas, hortalizas y hierbas aromáticas; es la nueva delicia de verano.

Estas aguas preparadas en infusión tienen un efecto desintoxicante en el organismo, es decir que ayudan a eliminar las toxinas del cuerpo gracias a la utilización de algunos alimentos de base, como el limón o el pepino. En todo caso, aun cuando el aspecto detox de esta agua tiene sus limitaciones, lo cierto es que presenta muchas virtudes beneficiosas.

Para preparar las aguas detox, se necesitan tarros de cristal y frutas, hortalizas, hierbas y especias que se dejarán macerar durante una noche en el frigorífico para elaborar minuciosamente unas maravillosas aguas aromatizadas.

Después de probar con estas 30 recetas imprescindibles, déjate guiar por el humor, las asociaciones de colores y sabores que te gustan para inventar tus propias aguas detox.

Te encantará esta bebida de moda, tan hermosa a la vista como llena de sabor.

UNOS CUANTOS CONSEJOS
ANTES DE EMPEZAR

– **Las materias primas:** elegir preferentemente frutas y hortalizas biológicas, para evitar beber un agua con pesticidas. Y en tal caso, se puede conservar la piel, en la que se encuentra la mayor concentración de vitaminas. Es mejor optar por el corte de los alimentos en trozos medianos o en rodajas. Si se cortan en pedazos demasiado pequeños, algunas frutas se convertirán en una papilla en el agua (me refiero a las fresas o el mango). Por otra parte, cuanto más pequeño sea el corte, mayor es el riesgo de perder jugo y, con él, vitaminas.

– **Los recipientes:** Se necesitan tarros de ½ litro, no es necesario decirlo, que sean bonitos. En cualquier caso, lo fundamental es tener un recipiente que cierre herméticamente, para dejar en infusión la preparación en el frigorífico. A mí me gusta utilizar los recipientes Mason Jar (www.lecomptoiramericain. com) que acentúan el aspecto *healthy* tan típicamente americano de esta bebida. El tamaño mediano es práctico, ya que así se puede preparar la bebida por la noche y degustarla a la mañana siguiente, directamente con una pajita, lo cual permite beber a través de las frutas. Claro está que también podéis decidir recuperar tarros de conserva, o encontrarlos en tiendas de decoración.

– **La conservación:** Se debe dejar macerar la preparación un mínimo de unas cuantas horas o, mejor aún, toda la noche en el frigorífico. Una noche es el tiempo óptimo para que las propiedades de las frutas pasen al agua. En efecto, en agua fría el proceso es mucho más largo que en agua hirviendo.

El frigorífico es el lugar ideal, ya que es imprescindible conservar los alimentos en frío y en un lugar oscuro para hacer que las vitaminas se degraden más lentamente. Se puede conservar la preparación un máximo de 24 horas; si se deja más tiempo se perderá el efecto beneficioso de las vitaminas. Además, las frutas y hortalizas en el agua empezarían a degradarse.

– **Una aclaración:** Las aguas detox en ningún caso pretenden brindar un aporte nutricional ya que las frutas y hortalizas no se comen. Son aguas vitaminadas, ricas en vitaminas B y C y en antioxidantes. Algunos vegetales son beneficiosos para el organismo, como el limón, lleno de vitamina C y que tiene la virtud de drenar el hígado, o el pepino, muy bueno para la digestión. Estas aguas detox tienen el mérito de ser sanas, ya que no llevan azúcar ni aditivos químicos, y facilitan el consumo de agua aconsejado: 1,5 litros al día.

También se pueden comer las frutas después de beber el agua aromatizada; quedan muy buenas con queso fresco, por ejemplo.

PREPARACIÓN

– Elegir preferentemente frutas, hortalizas y hierbas biológicas. Limpiarlas bajo el agua con la ayuda de un cepillo para poder dejarlas con la piel, fuente de vitaminas.

– Cortar las frutas y hortalizas en trozos o en rodajas.

– Colocar los trozos dentro del tarro. Tener presente la combinación de colores al formar los estratos... La idea es que quede lo más bonito posible, como una escala de colores.

– Añadir las hierbas.

– Añadir cubitos de hielo, que servirán al mismo tiempo para bloquear los ingredientes como se desee para obtener un efecto más estético.

– Llenar el tarro de agua natural, mejor si es mineral o filtrada. También se puede utilizar agua con gas, tipo Perrier, que además de su efervescencia aportará los beneficios de sus minerales.

– Dejar reposar algunas horas o toda la noche para degustar al día siguiente.

MATERIAL

Se necesitan tarros que cierren herméticamente, un buen cuchillo, una tabla para cortar, una mandolina para hacer unas bonitas láminas finas, un cepillo para hortalizas y pajitas para beber a través de las frutas.

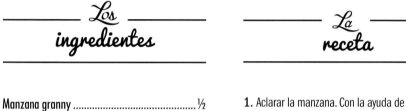

MANZANA GRANNY + LIMA

Para un tarro de ½ litro • Preparación: 10 min • Dificultad: fácil

Los ingredientes

Manzana granny .... ½
Lima .... ½
Agua mineral .... unos 400 ml
Cubitos de hielo

La receta

1. Aclarar la manzana. Con la ayuda de un cepillo, limpiar la piel de la lima.

2. Con la mandolina, cortar la manzana y la lima en rodajas.

3. Colocar las rodajas de manzana en el fondo del tarro.

4. Añadir los cubitos de hielo calzando las rodajas de lima contra las paredes del tarro de modo que quede bonito. Echar agua hasta llenarlo.

5. Cerrar el tarro y dejar en el frigorífico toda la noche. Degustar al día siguiente con una pajita.

PIÑA + COCO + AGUA DE COCO

Para un tarro de ½ l • Preparación: 15 min • Dificultad: fácil

Los ingredientes

Piña .... ¼
Coco.. ¼
Agua de coco ....3 cucharadas
Agua mineral .... unos 400 ml
Cubitos de hielo

La receta

1. Cortar la piña en rodajas.

2. Romper un coco con un martillo, guardar el agua en un cuenco. Cortar ¼ de la pulpa en láminas.

3. Colocar las láminas de coco en el fondo del tarro y luego la piña.

4. Añadir cubitos de hielo. Verter 3 cucharadas del agua de coco que habéis reservado y después llenar de agua hasta arriba.

5. Cerrar el tarro y dejarlo en el frigorífico toda la noche. Degustar al día siguiente con una pajita.

HINOJO + TOMILLO + PEPINO

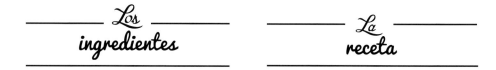

Para un tarro de ½ l • Preparación: 10 min • Dificultad: fácil

Los ingredientes

Hinojo .... ½
Tomillo fresco .... unas cuantas ramitas
Pepino .... ¼
Agua mineral .... unos 400 ml
Cubitos de hielo

La receta

1. Aclarar bajo el agua el pepino, el hinojo y las ramitas de tomillo.

2. Cortar el pepino y el hinojo en rodajas finas con la mandolina.

3. Colocar las rodajas de pepino y de hinojo en el fondo del tarro.

4. Añadir los cubitos de hielo calzando con gracia las ramitas de tomillo contra las paredes del tarro. Añadir agua hasta llenarlo.

5. Cerrar el tarro y dejarlo en el frigorífico toda la noche. Degustar al día siguiente con una pajita.

FRUTOS ROJOS + MENTA

Para un tarro de ½ l • Preparación: 10 min • Dificultad: fácil

Los ingredientes

Ramitas de grosellas...2
Moras 5
Arándanos..unos diez
Menta ....una ramita hermosa
Agua mineral .... unos 400 ml
Cubitos de hielo

La receta

1. Aclarar bajo el agua los frutos rojos y la ramita de menta.

2. Colocar los arándanos y las moras en el fondo del tarro.

3. Añadir los cubitos de hielo y calzar la ramita de menta contra la pared del tarro de forma que quede bonito y por último poner las grosellas. Verter agua hasta llenar el tarro.

4. Cerrar el tarro y dejar en el frigorífico toda la noche. Degustar al día siguiente con una pajita.

GRANADA + SANDÍA + LIMA

Para un tarro de ½ l • Preparación: 15 min • Dificultad: fácil

Los ingredientes

Granada	½
Sandía	¼
Lima	½
Agua mineral	unos 400 ml
Cubitos de hielo	

La receta

1. Lavar la sandía y la lima bajo el agua.

2. Cortar la sandía en cuartos y luego en triángulos, conservando la cáscara.

3. Cortar la lima en rodajas con la mandolina.

4. Sacar todos los granos de la granada.

5. Colocar los granos de la granada en el fondo del tarro y a continuación los triángulos de sandía.

6. Añadir cubitos de hielo y calzar con gusto las rodajas de lima contra las paredes del tarro. Verter agua por encima hasta llenarlo.

7. Cerrar el tarro y dejarlo en el frigorífico toda la noche. Degustar al día siguiente con una pajita.

FRESA + LIMÓN + MENTA

Para un tarro de ½ l • Preparación: 10 min • Dificultad: fácil

Los ingredientes

Fresas .... 4 o 5
Limón .... ½
Menta fresca .... 1 ramita hermosa
Agua mineral .... unos 400 ml
Cubitos de hielo

La receta

1. Aclarar las fresas y la ramita de menta. Limpiar la piel del limón con la ayuda de un cepillo.

2. Cortar las fresas por la mitad. Cortar el limón en rodajas con la mandolina.

3. Colocar las fresas en el fondo del tarro y luego la ramita de menta.

4. Añadir cubitos de hielo repartiendo las rodajas de limón de forma que quede bonito por dentro de las paredes del tarro. Verter el agua hasta llenarlo.

5. Cerrar el tarro y dejarlo en el frigorífico durante la noche. Degustar al día siguiente con una pajita.

 ALBARICOQUE + FRAMBUESA + INFUSIÓN DE VERBENA

Para un tarro de ½ l • Preparación: 20 min • Dificultad: fácil

Los ingredientes

Albaricoques..2
Frambuesas.....................................una decena
Verbena (mejor si es fresca,
si no, seca)....................................unas 20 hojas
Agua mineral .... unos 400 ml
Cubitos de hielo

La receta

1. Aclarar la verbena bajo el agua si es fresca. Dejarla en infusión en 500 ml de agua hirviendo. Filtrar la infusión con un colador para retirar las hojas. Guardar unas cuantas para la decoración. Dejar enfriar.

2. Aclarar con agua los albaricoques y las frambuesas.

3. Abrir los albaricoques por la mitad y retirarles el hueso.

4. Colocar los albaricoques y las frambuesas en el fondo del tarro.

5. Añadir los cubitos de hielo, calzando con gracia las hojas de verbena que habéis reservado contra las paredes del tarro. Verter la infusión hasta llenarlo.

6. Cerrar el tarro y dejarlo en el frigorífico toda la noche. Degustar al día siguiente con una pajita.

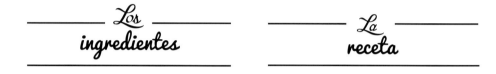

MELÓN + FRESA + ANÍS ESTRELLADO

Para un tarro de ½ l • Preparación: 10 min • Dificultad: fácil

Los ingredientes

Melón .... ¼
Fresas 5
Anís estrellado .... 2 estrellas
Agua mineral .... unos 400 ml
Cubitos de hielo

La receta

1. Aclarar las fresas. Cortarlas por la mitad.

2. Retirar la cáscara y las pepitas del melón y cortarlo en trozos.

3. Colocar los trozos de melón y las fresas en el fondo del tarro.

4. Añadir los cubitos de hielo y colocar el anís estrellado de modo que quede bonito contra las paredes del tarro. Verter agua hasta llenarlo.

5. Cerrar el tarro y dejarlo en el frigorífico toda la noche. Degustar al día siguiente con una pajita.

CÍTRICOS
LIMÓN + LIMA + NARANJA + POMELO

Para un frasco de ½ l • Preparación: 10 min • Dificultad: fácil

Los ingredientes

Limón .... ½
Lima .... ½
Naranja.. ½
Pomelo .... ½
Agua mineral .... unos 400 ml
Cubitos de hielo

La receta

1. Con la ayuda de un cepillo, limpiar bien la cáscara de los cítricos. Cortarlos en rodajas con la mandolina.

2. Añadir los cubitos de hielo en el tarro, colocando de forma bonita las rodajas de cítricos contra las paredes. Echar agua hasta llenarlo.

3. Cerrar el tarro y dejar en el frigorífico durante toda la noche. Degustar al día siguiente con una pajita.

MELOCOTÓN + LIMÓN + TOMILLO

Para un tarro de ½ l • Preparación: 10 min • Dificultad: fácil

Los ingredientes

Melocotón .... ½
Limón .... ½
Tomillo fresco .... 3 ramitas
Agua mineral .... unos 400 ml
Cubitos de hielo

La receta

1. Lavar el melocotón y el limón con agua. Aclarar bajo el agua las ramitas de tomillo.

2. Cortar el melocotón en cuartos, quitar el hueso y volver a cortar cada cuarto por la mitad.

3. Cortar el limón en rodajas con la mandolina.

4. Colocar los trozos de melocotón y las rodajas de limón en el fondo del tarro.

5. Añadir los cubitos de hielo calzando las ramitas de tomillo bien dispuestas contra las paredes del tarro. Verter el agua hasta llenarlo.

6. Cerrar el tarro y dejarlo en el frigorífico toda la noche. Degustar al día siguiente con una pajita.

ALBARICOQUE + ROMERO

Para un tarro de ½ l • Preparación: 5 min • Dificultad: fácil

Los ingredientes

Albaricoque 1
Romero fresco .... 1 o 2 ramitas
Agua mineral .... unos 400 ml
Cubitos de hielo

La receta

1. Aclarar bajo el agua el albaricoque y las ramitas de romero.

2. Abrir el albaricoque por la mitad y retirar el hueso.

3. Colocar el albaricoque en el fondo del tarro.

4. Añadir los cubitos de hielo colocando bien las ramitas de romero contra las paredes del tarro. Echar agua hasta llenarlo.

5. Cerrar el tarro y dejarlo en el frigorífico toda la noche. Degustar al día siguiente con una pajita.

PEPINO + FRESA + FRAMBUESA

Para un tarro de ½ l • Preparación: 10 min • Dificultad: fácil

Los ingredientes

Pepino .... ¼
Fresas 5
Frambuesas .... 5 o 6
Agua mineral .... unos 400 ml
Cubitos de hielo

La receta

1. Cortar el pepino en rodajas finas con la mandolina.

2. Aclarar bajo el agua las fresas y las frambuesas. Cortar las fresas por la mitad.

3. Colocar las rodajas de pepino en el fondo del tarro y luego las fresas y las frambuesas.

4. Añadir los cubitos de hielo y verter agua hasta llenar el tarro.

5. Cerrar el tarro y dejarlo en el frigorífico durante toda la noche. Degustar al día siguiente con una pajita.

NARANJA + MORA

Para un tarro de ½ l • Preparación: 5 min • Dificultad: fácil

Los ingredientes

Naranja.. ½
Moras ....1 decena
Agua mineral .... unos 400 ml
Cubitos de hielo

La receta

1. Aclarar las moras bajo el agua.

2. Con la ayuda de un cepillo, limpiar la cáscara de la naranja y cortarla en rodajas.

3. Colocar las moras en el fondo del tarro.

4. Añadir los cubitos de hielo, calzando bonitamente las rodajas de naranja contra las paredes del tarro. Echar agua hasta llenarlo.

5. Cerrar el bote y dejarlo en el frigorífico toda la noche. Degustar al día siguiente con una pajita.

FRESA + LICHI + ALBAHACA

Para un tarro de ½ l • Preparación: 10 min • Dificultad: fácil

Los ingredientes

Fresas 5
Lichis.. 5
Albahaca fresca .... 1 ramita
Agua mineral .... unos 400 ml
Cubitos de hielo

La receta

1. Aclarar bajo el agua las fresas y la ramita de albahaca.

2. Pelar los lichis.

3. Cortar las fresas por la mitad.

4. Colocar los lichis en el fondo del tarro y luego las fresas.

5. Añadir los cubitos de hielo calzando con gracia la ramita de albahaca contra las paredes del tarro. Verter el agua hasta llenarlo.

6. Cerrar el tarro y dejar en el frigorífico toda la noche. Degustar al día siguiente con una pajita.

MANZANA + CANELA

Para un tarro de ½ l • preparación: 10 min • Dificultad: fácil

Los ingredientes

Manzana 1
Ramitas de canela 2
Agua mineral .... unos 400 ml
Cubitos de hielo

La receta

1. Lavar la piel de la manzana. Cortarla en rodajas muy finas con la mandolina, conservando la piel.

2. Colocar las ramitas de canela en el fondo del tarro.

3. Añadir los cubitos de hielo colocando bien las rodajas de la manzana contra las paredes del tarro. Echar agua hasta llenarlo.

4. Cerrar el tarro y dejarlo en el frigorífico durante toda la noche. Degustar al día siguiente con una pajita.

PAPAYA +
LICHI + ROMERO

Para un frasco de ½ l • Preparación: 10 min • Dificultad: fácil

Los ingredientes

La receta

Papaya .... ½
Lichis.. 5
Romero................................. 1 ramita hermosa
Agua mineral .... unos 400 ml
Cubitos de hielo

1. Aclarar bajo el agua la ramita de romero.

2. Pelar la papaya, quitarle las semillas y cortar la pulpa en trozos.

3. Pelar los lichis

4. Colocar los trozos de papaya y los lichis en el fondo del tarro.

5. Añadir los cubitos de hielo colocando la ramita de romero contra la pared del tarro. Echar agua hasta llenarlo.

6. Cerrar el tarro y dejarlo en el frigorífico durante la noche. Degustar al día siguiente con una pajita.

RUIBARBO + PERA + FRESA + MENTA

Para un tarro de ½ l • Preparación: 15 min • Dificultad: fácil

Los ingredientes

Tallo de ruibarbo 1
Pera.. ½
Fresas 3
Menta .... 1 ramita
Agua mineral .... unos 400 ml
Cubitos de hielo

La receta

1. Lavar bien el ruibarbo y la pera. Aclarar bajo el agua las fresas y la ramita de menta.

2. Cortar la pera en rodajas con la mandolina, conservando la piel.

3. Cortar el ruibarbo en trozos y las fresas por la mitad.

4. Colocar las rodajas de pera, las fresas y luego los trozos de ruibarbo en el fondo del tarro.

5. Añadir los cubitos de hielo calzando con gracia la ramita de menta contra las paredes del tarro. Echar agua hasta llenarlo.

6. Cerrar el tarro y dejarlo en el frigorífico toda la noche. Degustar al día siguiente con una pajita.

LIMÓN + LIMA + TOMILLO LIMÓN

Para un tarro de ½ l • preparación: 10 min • Dificultad: fácil

Los ingredientes

La receta

Limón .... ½
Lima .... ½
Tomillo limón................................. 3 o 4 ramitas
Agua mineral .... unos 400 ml
Cubitos de hielo

1. Con la ayuda de un cepillo, lavar bien la piel del limón y la lima bajo el agua. Cortarlos en rodajas con la mandolina, conservando la piel.

2. Aclarar las ramitas de tomillo.

3. Colocar las rodajas de limón y de lima en el fondo del tarro.

4. Añadir los cubitos de hielo calzando de forma bonita las ramitas de tomillo limón contra las paredes del tarro. Echar agua hasta llenarlo.

5. Cerrar el tarro y dejar en el frigorífico durante toda la noche. Degustar al día siguiente con una pajita.

MANGO + JENGIBRE + TOMILLO LIMÓN

Para un tarro de ½ l • Preparación: 10 min • Dificultad: fácil

Los ingredientes

Mango maduro.. ½
Jengibre...................................1 trozo pequeño
Tomillo limón................................. 3 o 4 ramitas
Agua mineral .... unos 400 ml
Cubitos de hielo

La receta

1. Aclarar bajo el agua las ramitas de tomillo limón.

2. Pelar el mango y cortarlo en pedazos.

3. Retirar la piel del jengibre con un cuchillo y cortarlo en 5 láminas finas con la mandolina.

4. Colocar los trozos de mango en el fondo del tarro y luego las láminas de jengibre.

5. Añadir los cubitos de hielo calzando las ramitas de tomillo limón contra las paredes del tarro. Añadir agua hasta llenarlo.

6. Cerrar el tarro y dejarlo en el frigorífico toda la noche. Degustar al día siguiente con una pajita.

CEREZAS + FRESAS + JENGIBRE

Para un tarro de ½ l • Preparación: 10 min • Dificultad: fácil

Los ingredientes

Cerezas 5
Fresas 5
Jengibre .... 1 trozo pequeño
Agua mineral .... unos 400 ml
Cubitos de hielo

La receta

1. Aclarar bajo el agua las cerezas y las fresas. Cortar las fresas por la mitad.

2. Quitar la piel del jengibre con un cuchillo y cortarlo en 5 láminas finas con la mandolina.

3. Colocar las cerezas y las fresas en el fondo del tarro.

4. Añadir los cubitos de hielo calzando las láminas de jengibre contra las paredes del tarro. Echar agua hasta llenarlo.

5. Cerrar el tarro y dejar en el frigorífico durante toda la noche. Degustar al día siguiente con una pajita.

ANÍS ESTRELLADO + HINOJO + ROMERO + ZUMO DE ABEDUL

Para un tarro de ½ l • Preparación: 10 min • Dificultad: fácil

Los ingredientes

Anís estrellado ....2 estrellas
Hinojo..½
Romero.. 1 ramita
Zumo de abedul ....1 cucharada
Agua mineral .... unos 400 ml
Cubitos de hielo

La receta

1. Aclarar bajo el agua la ramita de romero.

2. Lavar el hinojo. Cortarlo en láminas finas con la mandolina.

3. Colocar las láminas de hinojo en el fondo del tarro.

4. Añadir los cubitos de hielo colocando el anís estrellado y las ramitas de romero contra las paredes del tarro. Añadir el zumo de abedul. Echar el agua hasta llenar.

5. Cerrar el tarro y dejarlo en el frigorífico toda la noche. Degustar al día siguiente con una pajita.

NARANJA SANGUINA + ZANAHORIA

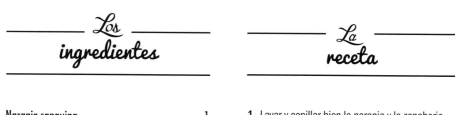

Para 1 tarro de ½ l • Preparación: 10 min • Dificultad: fácil

---

Los ingredientes

Naranja sanguina 1
Zanahoria .... ½
Agua mineral .... unos 400 ml
Cubitos de hielo

La receta

1. Lavar y cepillar bien la naranja y la zanahoria. Cortarlas en rodajas finas con la mandolina.

2. Colocar las rodajas de naranja y de zanahoria en el fondo del tarro.

3. Añadir los cubitos de hielo y echar agua hasta llenar.

4. Cerrar el tarro y dejar en el frigorífico durante la noche. Degustar al día siguiente con una pajita.

LICHIS + PÉTALOS DE ROSA + COCO + AGUA DE ROSAS

Para un tarro de ½ l • Preparación 15 min • Dificultad: fácil

Los ingredientes

La receta

Lichis..6 a 8
Pétalos de rosa...............................unos cuantos
Coco..¼
Agua de rosas...............................1 cucharadita
Agua mineral ....unos 400 ml
Cubitos de hielo

1. Pelar los lichis.

2. Cotar el coco en láminas.

3. Colocar las láminas de coco y los lichis en el fondo del tarro.

4. Añadir los cubitos de hielo, calzando de forma bonita los pétalos de rosa contra las pareces del tarro.

5. Cerrar el frasco y dejar en el frigorífico durante toda la noche. Degustar al día siguiente con una pajita.

PIÑA + TOMILLO

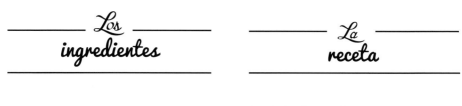

Para un tarro de ½ l • Preparación: 10 min • Dificultad: fácil

Los ingredientes

Piña .... ¼
Tomillo fresco ....unas cuantas ramitas
Agua mineral .... unos 400 ml
Cubitos de hielo

La receta

1. Pelar la piña, cortarla en rodajas y luego cortar las rodajas por la mitad.

2. Aclarar bajo el agua las ramitas de tomillo.

3. Colocar las medias rodajas de piña en el fondo del tarro.

4. Añadir los cubitos de hielo calzando las ramitas de tomillo contra las paredes del tarro. Echar agua hasta llenarlo.

5. Cerrar el tarro y dejarlo en el frigorífico durante la noche. Degustar al día siguiente con una pajita.

PEPINO + HIERBABUENA

Para 1 tarro de ½ l • Preparación: 10 min • Dificultad: fácil

Los ingredientes

Pepino .... ¼
Hierbabuena fresca .... 3 ramitas
Agua mineral .... unos 400 ml
Cubitos de hielo

La receta

1. Aclarar bajo el agua las ramitas de hierbabuena.

2. Cortar el pepino en rodajas finas con la mandolina.

3. Colocar las rodajas de pepino en el fondo del tarro.

4. Añadir los cubitos de hielo calzando con gracia las ramitas de hierbabuena contra las paredes del tarro. Echar agua hasta llenarlo.

5. Cerrar el tarro y dejarlo en el frigorífico toda la noche. Degustar al día siguiente con una pajita.

TOMATE +
APIO + PIMIENTA

Para un tarro de ½ l • Preparación: 10 min • Dificultad: fácil

Los ingredientes

Tomate..................................... 1 pequeño
Apio con las hojas ....1 tallo
Pimienta .... 5 granitos
Agua mineral .... unos 400 ml
Cubitos de hielo

La receta

1. Aclarar bajo el agua el tomate y el apio.

2. Cortar el tomate en rodajas finas con la mandolina. Cortar el tallo de apio en trozos y guardar las hojas.

3. Colocar las rodajas de tomate y los trozos de apio en el fondo del tarro y después los granitos de pimienta.

4. Añadir los cubitos de hielo calzando con gracia las hojas de apio contra las paredes del tarro. Echar agua hasta llenarlo.

5. Cerrar el tarro y dejarlo en el frigorífico durante toda la noche. Degustar al día siguiente con una pajita.

TÉ VERDE + LIMÓN + TOMILLO LIMÓN

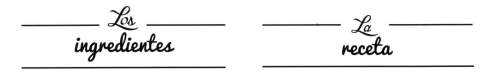

Para un tarro de ½ l • Preparación: 20 min • Dificultad: fácil

Los ingredientes

Bolsita de té verde.. 1
Limón .... ½
Tomillo limón......................unas cuantas ramitas
Cubitos de hielo

La receta

1. Hacer una infusión con el té verde en 500 ml de agua a punto de hervir.

2. Retirar la bolsita y dejar enfriar.

3. Lavar bien el limón y cortarlo en rodajas finas con la mandolina.

4. Aclarar bajo el agua las ramitas de tomillo limón.

5. Colocar las rodajas de limón en el fondo del tarro.

6. Añadir los cubitos de hielo y calzar dándole una forma bonita las ramitas de tomillo limón contra las paredes del tarro. Echar el té hasta llenarlo.

7. Cerrar el tarro y dejar en el frigorífico durante toda la noche. degustar al día siguiente con una pajita.

APIO + REMOLACHA + TOMILLO + ZUMO DE ABEDUL

Para un tarro de ½ l • Preparación: 10 min • Dificultad: fácil

Los ingredientes

Apio con las hojas ....1 tallo
Remolacha cruda ....½
Tomillo fresco ....unas cuantas ramitas
Zumo de abedul ....1 cucharada
Agua mineral .... unos 400 ml
Cubitos de hielo

La receta

1. Aclarar bajo el agua el apio y las ramitas de tomillo.

2. Pelar la remolacha y cortarla en rodajas finas con la mandolina.

3. Colocar las rodajas de remolacha en el fondo del tarro y luego el tallo de apio y el zumo de abedul.

4. Añadir los cubitos de hielo y colocar armoniosamente las ramitas de tomillo contra las paredes del tarro. Echar agua hasta llenarlo.

5. Cerrar el tarro y dejarlo en el refrigerador durante toda la noche. Degustar al día siguiente con una pajita.

PEPINO + NECTARINA + TOMILLO LIMÓN

Para un tarro de ½ l • Preparación: 10 min • Dificultad: fácil

Los ingredientes

Pepino .... ¼
Nectarina .... ½
Tomillo limón fresco.............unas cuantas ramitas
Agua mineral .... unos 400 ml
Cubitos de hielo

La receta

1. Lavar bajo un chorro de agua el pepino, la nectarina y las ramitas de tomillo limón.

2. Cortar el pepino en rodajas finas con la mandolina.

3. Cortar en cuartos la nectarina.

4. Colocar las rodajas de pepino en el fondo del tarro y a continuación los cuartos de nectarina.

5. Añadir los cubitos de hielo calzando de forma bonita las ramitas de tomillo limón contra las paredes del tarro. Echar agua hasta llenarlo.

6. Cerrar el tarro y dejarlo en el frigorífico toda la noche. Degustar al día siguiente con una pajita.

POMELO + ROMERO

Para un tarro de ½ l • Preparación: 5 min • Dificultad: fácil

Los ingredientes

Pomelo rosado .... ½
Romero fresco .... 1 ramita
Agua mineral .... unos 400 ml
Cubitos de hielo

La receta

1. Lavar bien el pomelo. Aclarar bajo el agua la ramita de romero.

2. Cotar el pomelo en rodajas finas con la mandolina.

3. Colocar las rodajas de pomelo en el fondo del tarro.

4. Añadir cubitos de hielo colocando de forma bonita la ramita de romero contra las paredes del tarro. Echar el agua hasta llenarlo.

5. Cerrar el tarro y dejarlo en el frigorífico durante toda la noche. Degustar al día siguiente con una pajita.

more rosemary

ÍNDICE DE INGREDIENTES

Título original: *Eaux détox*
Primera edición: junio de 2016

© 2015, Sonia Lucano
© 2015, Hachette Livre (Hachette Pratique), París
© 2016, de la presente edición en castellano para todo el mundo:
Penguin Random House Grupo Editorial, S.A.U.
Travessera de Gràcia, 47-49. 08021 Barcelona
© 2016, María Méndez Gómez, por la traducción

Dirección: Catherine Saunier-Talec
Responsable editorial: Céline Le Lamer
Responsable de proyecto: Lisa Grall
Responsable artístico: Antoine Béon
Concepción gráfica: Studio-Allez
Maquetación: Gama, S.L.

Printed in Spain – Impreso en España

ISBN: 978-84-16449-25-5
Depósito legal: B-7.394-2016

Impreso en Gráficas 94, S.L.
Sant Quirze del Vallès (Barcelona)

DO 19255

Penguin
Random House
Grupo Editorial